Ελένη Τέγου - Άννα Φαχαντίδου

ΠΑΙΔΙΚΗ ΧΑΡΑ

Η Ελενίτσα και η Μαρίτσα στην παιδική χαρά

ΘΕΣΣΑΛΟΝΙΚΗ 2013

Θεσσαλονίκη 2013 :

Ελένη Τέγου - Αννα Φαχαντίδου
Η Ελενίτσα και η Μαρίτσα στην παιδική χαρά
Εικονογράφηση : Αννας Φαχαντίδου

Ελένη Τέγου - Άννα Φαχαντίδου

Η Ελενίτσα και η Μαρίτσα στην παιδική χαρά

Το δωμάτιο της Ελενίτσας λάμπει από ομορφιά.
Το καλοστρωμένο κρεβατάκι της την ευχαριστεί πολύ
γιατί κάθε μέρα η Ελενίτσα το στρώνει προσεκτικά
και μάλιστα του τραγουδά:

Σ' αγαπώ και σε προσέχω
σα νυστάζω σε σένα τρέχω.
Φέρνεις όνειρα γλυκά
και φιλάκια απ' τη μαμά.

Στο τραπεζάκι που ειναι ακουμπισμένα τα βιβλία της,
ένα μικρό πορτατίφ τη συντροφεύει
που η Ελενίτσα το λατρεύει.

Στη γωνιά ένα μπαούλο
με παιχνίδα
και στον τοίχο ένα ράφι
με τετράδια και βιβλία

Είναι το καταφύγιό της.
Έχει τελειώσει τα μαθήματά της,
και περιμένει να χτυπήσει
το κουδούνι της εξώπορτας.
Θά έρθει η Μαρίτσα,
η καλή φιλεναδίτσα.
Θα κρατά χρωματιστή μπαλίτσα
ή σχοινάκι ή κουκλίτσα.

Η μαμά της Ελενίτσας, η κυρία Βενετία,
θα τις συνοδεύει στην Παιδική Χαρά της
γειτονιάς τους.
Ο παππούς με το μουστάκι και τα άσπρα
του μαλλιά, τις καμαρώνει.
Χαϊδεύει στοργικά τα κεφαλάκια τους
και με ενδιαφέρον τις ρωτά:
Που θα παίξετε σήμερα;
Να είσαστε προσεκτικές.
Η Ελενίτσα του απαντάει γελαστά,
μα η Μαρίτσα κατσουφιάζει
και καθόλου δεν την νοιάζει.
- Τι έχεις πάλι βρε Μαρίτσα
και σουφρώνεις τη μυτίτσα;
Τη ρωτά η κυρία Βενετία.
Η Μαρίτσα είναι βιαστική.
Δεν βλέπει την ώρα, που θα πάνε
στην Παιδική Χαρά.

Η μαμά χαιρετά τον παππού και ξεκινά μαζί τους για το παιχνίδι. Η Ελενίτσα πιάνει από το χέρι τη Μαρίτσα και προσέχει πολύ στο δρόμο. Η Μαρίτσα όλο σκουντουφλά και βαδίζει απρόσεχτα.

Η μαμά τους εξηγεί, να προσέχουνε πολύ. Για να περάσει απέναντι το παιδάκι υπάρχει ένα φαναράκι. Όταν βγάζει πράσινο φωτάκι, τότε περνά ελεύθερα το παιδάκι και όταν είναι κόκκινο σταματά και δεν περνά. Γιατί δεν είναι όλα παιχνιδάκια. Προσέχουνε πολύ όταν περνούν απέναντι όλα τα παιδάκια. Αυτοκίνητα, ποδήλατα και μηχανάκια τρέχουν με φόρα και αλλοίμονο στα απρόσεχτα παιδάκια. Σαν φτάνουνε στην παιδική χαρά, θαρρείς πως βγάζουνε φτερά. Πηδούν σαν κατσικάκια και τρέχουν να προλάβουν τις κούνιες, τις τραμπάλες για να παίξουνε παρέα με τις φίλες τους τις άλλες.

Ο Ήλιος σήμερα νίκησε την βαρυχειμωνιά.
Οι κόρες του οι αχτίνες, ξετρύπωσαν μεσα
από τα σύννεφα και αγκάλιασαν τη γη.

Χαϊδεύουν τα παιδιά της Παιδικής
Χαράς, κορίτσια και αγόρια που
έχουν ξεχυθεί στο χορτάρι και
χαίρονται τον Ήλιο, που φεγγοβολά.
Όλα μοιράζονται τη ζεστασιά του
και βγάζουν τα σακάκια τους για
να μην ιδρώσουν. Η μαμά πιάνει
κουβέντα με τις άλλες τις κυρίες.
Κάποια πουλάκια περπατούν δειλά
- δειλά ζητώντας ψίχουλα από τα
κουλούρια που κρατούν στα χέρια
τους κάποια παιδιά. Τα χαμομήλια
σηκώνουν ψηλά τα άσπρα
κεφαλάκια τους σαν να λένε:
- Σ' ευχαριστούμε Ήλιε που μας
έστειλες τη ζεστασιά σου.
Και όλοι, μικροί και μεγάλοι
αναπνέουν τον καθαρό αέρα
της Άνοιξης.

Στη Μαρίτσα αρέσει πολύ να την προσέχουν οι άλλοι. Σε μια στιγμή μάλιστα όταν η μαμά της Ελενίτσας γύρισε την πλάτη της για να χαϊδέψει ένα μωράκι που κοιμόταν, σκαρφαλώνει σ' ένα δέντρο και έφτασε μέχρι το ψηλότερο κλαδί του.

-Μαμά, μαμά, φώναξε η Ελενίτσα τρομαγμένη. Κοίτα που ανέβηκε η Μαρίτσα!

Όλα τα μάτια στράφηκαν προ τα εκεί. Η Μαρίτσα άλλο που δεν ήθελε.

-Βλέπετε πως σκαρφαλώνω; Όπως τα αγόρια.

Εκείνη την ώρα ένα πουλάκι πέταξε σ' ένα κλαδάκι, πάνω από το κεφαλάκι της.

- Τι κάνεις εσύ εδώ; Το ρώτησε η Μαρίτσα.

- Εγώ εδώ έχω το σπιτάκι μου. Στα ψηλά κλαδιά, της λέει ο Τσίου το πουλάκι.

- Θέλεις να σε μάθω να σκαρφαλώνεις ακόμη πιο ψηλά; Το ρώτησε η περήφανη Μαρίτσα.

- Δε μου χρειάζεται! Εγώ μπορώ και να πετάξω, της απαντά και πάλι το πουλάκι.

- Κι εγώ μπορώ, απάντησε η Μαρίτσα. Παραβγαίνουμε, παραβγαίνουμε;

Τα παιδάκια όλα πάγωσαν από αγωνία.
Δεν μπορούσαν να πιστέψουν σ' αυτό που έβλεπαν.
- Κατέβα κάτω, Μαρίτσα.
Την παρακαλεί η κυρία Βενετία,
η μαμά της Ελενίτσας.
Η Μαρίτσα όμως που ν' ακούσει!
Πετά σαν το πουλάκι και μπουμ!
Κουτρουβαλάει στη γη.
Πω, πω, η καημένη, η ξεροκέφαλη!
Πώς πόνεσε! Πως φοβήθηκε!
Τα γονατάκια της μάτωσαν
και από τα μάτια της τρέχουνε
τα δάκρυα σαν το νεράκι της βροχής.
Τα αναφιλητά της τρομάζουν τις φίλες της
που της ανοίγουν μια αγκαλιά.
Η κυρία Βενετία την πήγε στη βρυσούλα
για να πλυθεί και της καθάρισε
τα ματωμένα πόδια με βρεγμένα χαρτομάντηλα.
- Συγνώμη, ψιθύρισε ντροπιασμένη η Μαρίτσα.
- Ευτυχώς που γλίτωσες και δεν έσπασες το ποδαράκι!
Της είπαν όλοι.

Η Ελενίτσα ήταν πολύ στεναχωρημένη. Όμως, η Μαρίτσα είχε πάρει το μάθημά της. Υποσχέθηκε πως ποτέ δε θα προσπαθούσε να κάνει κάτι που δεν έπρεπε. Κατάλαβες Μαρίτσα πόσο κακό ήταν αυτό που έκανες; Τα παιδάκια δεν είναι πουλάκια για να έχουνε φτερά και να πετούν στα κλαδάκια. Μπορούσες ακόμη και να σκοτωθείς.

-Κοιτάτε! Φώναξε η Ελενίτσα. Η τραμπάλα και η τσουλήθρα μας φωνάζουνε να πάμε κοντά τους! Πιο πέρα, οι κούνιες πηγαινοέρχονται και σας προσκαλούν να ανεβείτε σ' αυτές. Τα κορίτσια τρέχουν προς τα εκεί και τραγουδάνε:

Κούνια - μπέλα
έλα βρε κοπέλα
η κούνια είναι τρέλα.
Ανεβαίνουν προσεχτικά
στην κούνια γιατί αν είναι
κάποιο μικρότερο παιδάκι
πίσω τους μπορεί να το
χτυπήσουν.
Ανεβαίνω - κατεβαίνω
και την κούνια δεν
χορταίνω.
Πότε βλέπω ουρανό
να τον φτάσω δεν μπορώ.
πότε βρίσκομαι στη γη
κάνω και γυμναστική.

Κάποια παιδάκια προτιμούν
το παιχνίδι με την άμμο
και έχουν φέρει
τα πολύχρωμα κουβαδάκια τους.
Η Ελενίτσα τα παρακολουθεί
από την κούνια της
και σε μια στιγμή φωνάζει:
-"Πω - πω - πω"
και δείχνει στη μαμά της
τον φίλο και γείτονά τους
τον Γιωργάκη που έχει γίνει
αγνώριστος από την άμμο
που του πετά στο πρόσωπο
ο Κωστάκης από δίπλα.
Μάλιστα ξεκαρδίζεται
και δεν τον λυπάται.

- Τι κάνεις εκεί Κωστάκη;
του φωνάζει από μακρυά
η κ. Βενετία. Ο Γιώργος τρίβει
με τις παλάμες τα μάτια του και
κλαίει ασταμάτητα γιατί τον
πόναγαν και έτσουζαν τα μάτια.
Ο Κώστας ούτε που του δίνει
σημασία και είναι έτοιμος να ρίξει
με το φτυαράκι του και άλλη άμμο
στα γύρω παιδιά.
Ευτυχώς που η μαμά του τον
πήρε είδηση και τρέχει να τον
βγάλει έξω από το παιχνίδι. Του
κάνει αυστηρές παρατηρήσεις
και ζητά συγνώμη από τα παιδιά.
Τα φροντίζει στοργικά και μετά
παίρνει τον Κώστα, για τιμωρία,
πίσω στο σπίτι τους.

Τι ήτανε πάλι αυτό
έγινε πολύ κακό.
'Οταν παίζεις και γελάς
τους φίλους να προσέχεις
και να τους αγαπάς.
Τραγουδά η Μαρίτσα, που
έχει μετανοιώσει για όσα
έκανε. Τώρα δείχνει στη
φίλη της ένα σγουρόμαλλο
άσπρο σκυλάκι που
είναι δεμένο έξω από τα
κάγκελα της Παιδικής
Χαράς. Θα ήθελαν πολύ
να το αγκαλιάσουν καθώς
εκείνο τις βλέπει και
κουνά παιχνιδιάρικα την
ουρίτσα του.

Η κ. Βενετία τους εξηγεί ότι τα σκυλάκια απαγορεύεται να μπαίνουν στην Παιδική Χαρά. Είναι ζωάκια που πάνω στην τρέλα του παιχνιδιού λερώνουν τα πάντα. Τι κρίμα! Δεν ξέρουν από καλούς τρόπους.

Η ώρα περνά και μαζί με άλλα παιδιά αφοσιώνονται στο σχοινάκι και το παιχνίδι με τις κούκλες τους. Είναι αρκετά κουρασμένα μα και πολύ ευχαριστημένα από αυτή την έξοδο. Πρέπει όμως να γυρίσουν στο σπίτι. Το ζεστό νερό τα περιμένει για να πλυθούν προσεκτικά και να φορέσουν τα καθαρά πιτζαμάκια τους.

Ο Ήλιος γέρνει και αυτός κουρασμένος, πίσω από τα βουνά. Φαγητό και ύπνο τώρα, παιδάκια! Η Ελενίτσα αποχαιρέτησε τη φίλη της.

- Το πρωί σας περιμένει το όμορφο Σχολείο σας. Συμπληρώνει η κυρία Βενετία και τους χαρίζει από ένα γλυκό φιλί.

-Ευχαριστούμε πολύ. Λένε
τα δύο κοριτσάκια και
τραγουδούν:
Πω-πω-πω, πόσα καλά
δίνει η Παιδική Χαρά.
Σαν μαγνήτης τα τραβά
όλα τα μικρά παιδιά.

ΤΕΛΟΣ
του Παραμυθιού

Καληνύχτα σας!

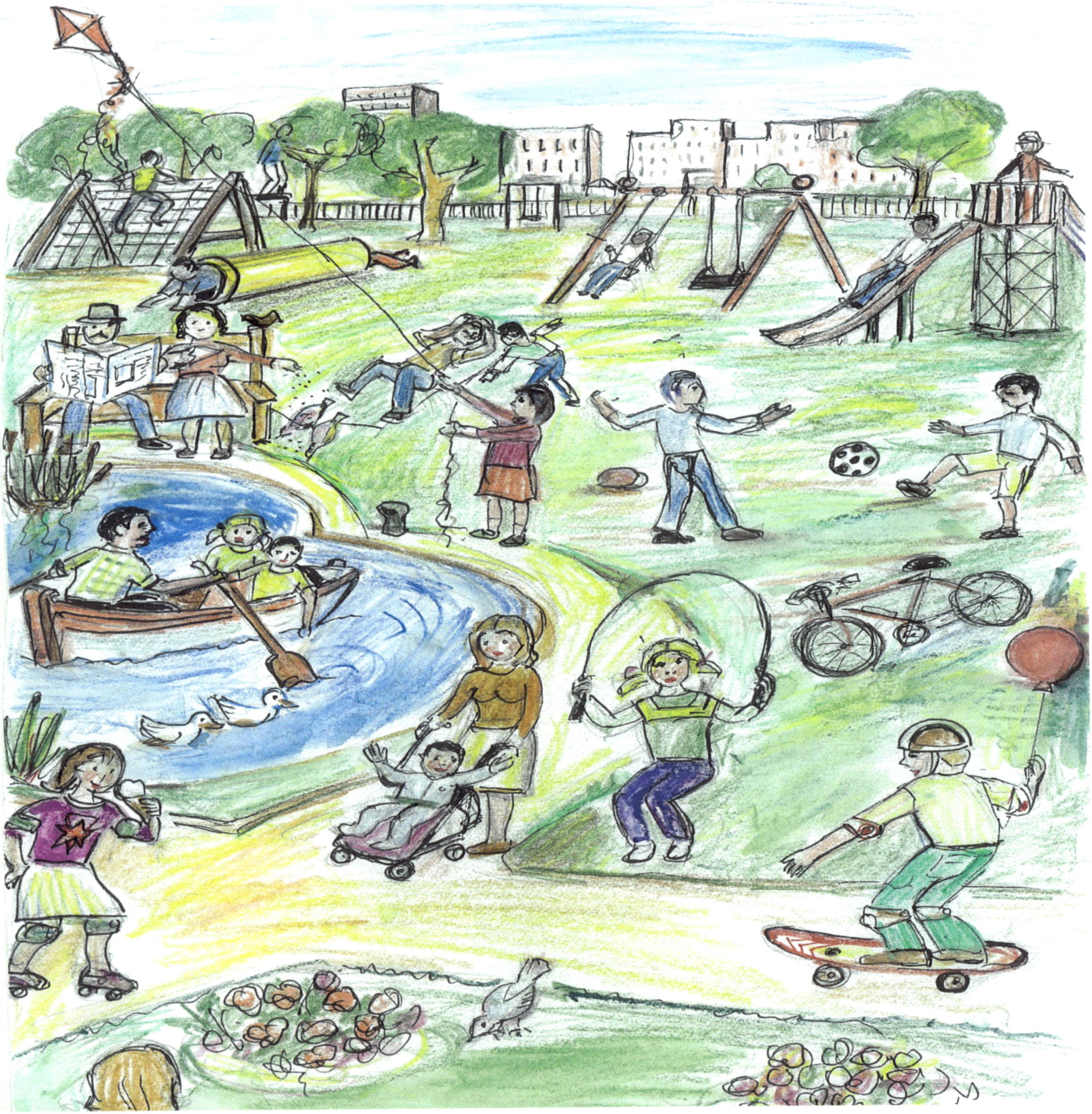

www.ingramcontent.com/pod-product-compliance
Lightning Source LLC
Chambersburg PA
CBHW042121040426
42449CB00003B/137